AF438272

SOCIALISTE ET PAYSAN

DU BUT

DES MOYENS

ET DE LEUR LÉGITIMITÉ

PAR

L. MARIA

ouvrier mécanicien

Prix : 30 centimes

PARIS

DÉPOT PRINCIPAL DE VENTE
LA LIBRAIRIE DES PUBLICATIONS POPULAIRES
54, rue Amelot, 54.
1879

SOCIALISTE ET PAYSAN

DU BUT
DES MOYENS

ET DE LEUR LÉGITIMITE

PAR

L. MARIA

ouvrier mécanicien

Prix : 30 centimes

PARIS

DÉPOT PRINCIPAL DE VENTE

A LA LIBRAIRIE DES PUBLICATIONS POPULAIRES

54, rue Amelot, 54.

—

1879

PARIS. — IMPRIMERIE A. REIFF'
9, place du Collége de France.

SOCIALISTE ET PAYSAN

GUILLAUME. — Bon ! Bon ! nous allons voir, et puisque maître Gérard a bien voulu accepter mon rendez-vous, on va juger qui a tort ou raison.

GÉRARD. — Je n'avais nulle intention de m'y soustraire ; c'est jour de repos d'abord, ensuite je suis trop partisan des idées socialistes pour perdre une occasion de les exposer, de les faire connaître.

GUILL. — Figurez-vous, maître Gérard, que devant M. Portefoin je racontais aux camarades ce que vous m'aviez dit du socialisme ; faut croire que je racontais mal, ou que j'ai oublié vos meilleures raisons car je n'avais pas l'air de les convaincre ; eux qui souffrent des mêmes maux que moi se rangeaient du côté de celui qui combattait mon dire. — D'après M. Portefoin les ouvriers ne peuvent pas plus se passer du capital qu'un homme ne peut se passer de boire et de manger et on ne peut pas plus empêcher qu'il y ait des riches et des pauvres qu'on ne peut empêcher la terre de tourner et l'eau de couler.

GÉRARD. — Voilà de bien grosses affirmations aussi fausses que cavalièrement exprimées — Tenez, vous rappelez-vous tous, vous autres, qu'autrefois quand les enfants avaient des poux, on disait dans les campagnes qu'il ne fallait pas les faire passer parce que c'était la santé de ces malheureux petits êtres, et bien cette figure peint assez bien la situation ; les riches ce sont les poux de la société qui la rongent, la ruinent et vivent aux dépens du travailleur. Après étude la médecine a purgé, les poux sont partis et les enfants ne s'en portent que mieux ; que les travailleurs s'unissent pour étudier le remède et purger la société, les riches s'appauvriront sans devenir malheureux, les pauvres verront leur position s'améliorer sans s'enrichir et tout n'en ira que mieux ; Est-ce que vous n'êtes pas de mon avis ?

GUILL. — Ah ! ah ! voyez-vous, M. Portefoin, que ça prend une autre tournure !

PORTEFOIN. — C'est avec des figures semblables que l'on égare les esprits et qu'on les jette dans des théories impossibles. Vous figurez-vous un gouvernement ruinant les uns pour enrichir les autres, ça serait joli !

GÉRARD. — Vous savez bien qu'en parlant ainsi vous dénaturez complètement ma pensée, en tenant un pareil langage vous n'avez qu'un but : créer un épouvantail pour les ignorants qui n'auraient pas à côté d'eux un citoyen leur montrant tout ce que votre insinuation a de jésuitique ;
— Où avez-vous vu, M. Portefoin, que les socialistes aient jamais manifesté l'intention de dérober quoi que ce soit à qui que ce soit puisqu'au contraire ils veulent créer une organisation où nul ne pourra frustrer un de ses concitoyens ni lui dérober quoi que ce soit de ce qui lui appartient, comme cela est pratiqué aujourd'hui par le capital qui dépouille le travailleur pour s'arrondir.
Nous verrons tout à l'heure si mes théories sont si creuses que vous voulez bien le dire.

PORTEFOIN. — Distinguons s'il vous plaît, et laissez-moi rétablir ce que j'ai soutenu et ce que je soutiens encore être l'exacte vérité si comme vous venez de le déclarer vous repoussez toute idée de dépouiller soit le détenteur du capital ou celui de la terre. J'ai dit que je ne voyais pas ce que pouvaient les ouvriers sans l'appui de l'argent ; je me figure bien les travailleurs honnêtes, économes, intelligents, possédant quelqu'épargne, je me les figure bien, dis-je, venant demander la confiance du capital qui ne la leur refuserait pas en raison de leur conduite, de leur moralité justifiées ; alors sûrs de cet appui je les vois associés, travaillant exclusivement pour eux, n'ayant personne pour leur prendre le produit de leur travail, je les vois produisant, trafiquant selon les lois habituelles de la société, améliorant chaque jour leur position et finalement prenant place parmi ceux qui se sont fait un bien être avec leur travail et leur vie d'économie journalière.

GÉRARD. — C'est-à-dire, n'est-ce-pas, que ces travailleurs qui seront déjà vos privilégiés pourront se créer un certain bien-être fait de travail et de privations, mais qu'ils ne le posséderont que quand le corps usé n'aura plus qu'à disparaître de ce monde, car le capital qui sera mis à leur disposition sera suffisaant pour leur créer une illusion d'indépendance mais il sera insuffisant à leur affranchissement même partiel. Croyez vous que l'épargne même aidée du capital puisse se créer une position indépendante et entrer en lutte avec les grands monopoles ? Le jour où l'association ouvrière voudrait faire cet essai elle serait exploitée, pressurée, ruinée par le système financier actuel ; cet appui du capital dont vous parlez, M. Portefoin, est un leurre. — Ah ! père Guillaume, n'est-ce pas ce que je vous disais quand je vous montrais les bourgeois voulant écrémer la société ouvrière, poussant les privilégiés à des associations subventionnées par eux afin de jeter ces hommes de leur choix dans le camp des satisfaits pour augmenter leur force et réduire à néant les revendications générales, ce qui les laisserait maitres du terrain et libres de continuer à vivre comme par le passé de la tonsure du travailleur. M. Portefoin ne vient-il pas de donner raison à mes craintes en nous montrant ses désirs dangereux ; et mes craintes peuvent se justifier par des chiffres ; si je consulte un ouvrage de notre ami Jules Guesde, le vaillant et profond socialiste, nous verrons combien de petits patrons sont redevenus prolétaires dévorés par le monopole (1).

PORTEFOIN. — Mais M. Gérard il me semble que la théorie que j'ai mise en avant offre cet avantage sur les vôtres qu'elle est réalisable, très-juste et toute humanitaire.

GÉRARD — C'est là où nous différons d'avis ; si elle est réalisable comme vous le dites, j'affirme que rien n'est

---

(1) Le chiffre des patentes — et des patentés ou patrons par suite — est, depuis 1867, tombé successivement de 2.700,000 à 1,600,000, à 1,594,875, et n'était plus que de 1,529,339 en 1873 — soit en seize ans une diminution de 1,183,040 ou de 44 0/0 sur le nombre des patrons, commerçants ou industriels. *(La loi des salaires et ses conséquences).*

plus injuste, plus inhumain, plus inique : car voulez-vous me dire ce que vous ferez des déshérités de la fortune et de l'intelligence qui ne pourront trouver place dans vos associations ? vous les condamnerez à la servitude, n'est-ce pas, et ce sera bien les y condamner que de les abandonner, car leur ayant enlevé leurs collègues les plus éclairés, vous diminuez leur force et leur moyen de revendication ; voilà l'échantillon de votre humanité ; voulez-vous, M. Portefoin à ce sujet et au point de vue de votre justice, me permettre une petite comparaison, vous m'excuserez, je l'espère, mais elle est trop utile à mes démonstrations pour que je l'abandonne.

PORTEFOIN — Faites, je vous connais trop pour redouter de vous aucune mauvaise intention.

GÉRARD. — Vous êtes riche, vous, M. Portefoin, vous jouissez d'un vrai bien-être, vous avez quatre enfants dont l'un selon votre dire journalier est loin d'être doué d'une intelligence même ordinaire ; et bien, est-ce que quand votre héritage sera à recueillir, celui donc que je parle verra sa part modifiée par sa pauvreté intellectuelle ? Répondez-moi à ce sujet ?

PORTEFOIN. — Vous ne pouvez pas établir de parallèle entre les deux situations ! mon fils est mon fils, et je dois participer à son malheur en substituant mes soins à la part d'intelligence que lui a refusé la nature ; la société elle ne peut pas avoir charge de pourvoir aux besoins des paresseux, des gourmands, des imprévoyants dont elle fourmille, de ces êtres qui n'ont pas su dans leur jeunesse économiser un morceau de pain pour leur vieillesse.

GÉRARD. — Vous qualifiez durement les déshérités de la fortune ; et vous ne parlez que de ceux là ; soit ; aussi bien j'ai à vous répondre à leur sujet ; il en est d'autres, M. Portefoin : les êtres trop peu intelligents pour se créer une position dans laquelle on peut économiser ; ceux là peuvent à peine gagner de quoi subsister, vous le savez, et j'y reviens malgré moi pour vous prouver ce que j'avance ; si votre fils était appelé à gagner sa vie croyez vous qu'il puisse faire beaucoup d'économie sur le montant de son salaire ? Et bien ceux qui sont dans son cas méritent certainement mieux que le dédain que vous venez d'afficher pour les nécessiteux et l'oubli que vous faites de leur position; maintenant je vais répondre à votre première appréciation, celle qui concerne les hommes qui ont été à même par leur savoir et leur intelligence de gagner (disons largement) leur vie.

Avez-vous demandé à ceux-là, monsieur, si dans le cours de leur existence aucune circonstance n'apparaissait pour légitimer leur pauvreté ?

Avez-vous compté combien celui-ci avait eu d'enfants à élever pour vous en faire des outils, les sacrifices qu'il avait du s'imposer pour donner à ces enfants une instruction insuffisante certainement, mais nécessaire même au travail ; avez-vous réfléchi à la lourdeur de sa tâche ? Avez-vous demandé à cet autre à combien de maladies il avait été en butte, maladies qui sont nées des veilles, des labeurs et des privations du travailleur, maladies qui ruinent sa santé pour vous enrichir, qui consument ainsi ses ressources présentes et futures ? Et quand la société bourgoise doit son bien être à ces misères, nous lui laisserions les dédaigner ! Les temps sont passés de cette manière de voir, M. Portefoin, et la société que nous étudions prendra soin de tous ses enfants, entendez-vous bien, et ce parce qu'ils travaillent pour elle. Quand vous, père de famille, vous vous sentez obligé de tenir vos soins égaux entre tous vos enfants, la société n'aurait pas ce même devoir ? Ce serait insensé.

Portefoin. — Vous me parlez là de gens dont la situation intéresse tous le monde et vous savez bien que quand on découvre de ces misères réelles on s'empresse de les soulager. Est-ce que nous refusons des secours aux malheureux, à quoi serviraient donc nos bureaux de bienfaisance s'il en était autrement ?

Gérard — Oui vous préférez faire l'aumône que donner une juste rétribution parce qu'avec cette aumône vous tenez le souffreteux, le besogneux sous votre domination ; qui pense comme vous est secouru, qui vous combat est oublié. Sachez que le travailleur repousse l'aumône comme une offense à sa dignité ; il a un droit, il veut en jouir et il en jouira ne vous en déplaise.

Portefoin. — Alors les paresseux, ceux qui ne veulent pas faire œuvre de leur dix doigts, ceux là vous leur reconnaissez le droit de s'asseoir à la même table que l'ouvrier laborieux.

Gérard — Le besoin de me refuter, l'impossibilité ou vous êtes de le faire, vous font perdre la tête, le diable m'emporte, ce que vous dites là me le ferait croire du moins. Comment, quand je nie le droit de consommer à qui ne produit pas vous me prêtez l'intention absurde de vouloir le même bien-être au paresseux qu'à l'homme laborieux ?

J'ai plus de suite dans les idées, chaque être selon moi ne doit posséder que le produit de son travail de façon que dans une société reformée s'il arrivait encore de voir la paresse étaler sa misère elle ne puisse rencontrer qu'indif-férence, n'ayant, cette misère, et ne pouvant avoir d'autre source que la paresse ; tandis que ceux qui, par une cause indépendante de leur volonté ne pourraient pas par leur pro-duction suffire à leur consommation ceux là seraient dans le cas de votre fils, M. Portefoin, et la société devra faire pour eux tout ce que vous feriez pour lui.

Portefoin. — Mais encore une fois les deux situations ne sont pas semblables ; la société n'est pas une mère de famille.

Gérard. — Pourquoi, s'il vous plait, la société se désin-téresserait-elle du sort de ses enfants ? Pensez-vous ainsi quand à chaque soulèvement du peuple vous venez prier les travailleurs las de souffrir de déposer les armes parce que, dites-vous, les revendications brusques peuvent conduire la société à sa perte ; vous pensez dans ce moment qu'en invoquant et en en appelant à leur amour pour cette société, vous pensez, dis-je, les désarmer ; et quand eux invoquent près de vous cette même patrie pour que vous leur donniez de quoi appaiser leur faim vous répondez : ce n'est pas la même chose !

La négative, cette ressource toute jésuitique est toute votre défense, nous le savons, aussi ne vous ais-je dit tout ce qui précéde que pour prouver non à vous, mais à ceux qui m'écoutent toute l'iniquité de vos appréciations.

Je ne suis venu comme je l'ai promis au père Guillaume que pour faire devant vous et devant mes amis, l'historique de l'organisation sociale des travailleurs. Vous présent, vous pourrez me faire toutes les objections que vous suggérera la défense des intérêts de la bourgeoisie, je vous promets de vous répondre avec la franchise et la conviction que donne le souvenir des souffrances endurées jusqu'alors et sans espoir d'un avenir meilleur dans votre état de choses.

PORTEFOIN. — Je connais vos théories erronées, théories qui si on leur avait donné créance auraient compromis les conquêtes si chèrement acquises par le sang du travailleur, et par celui de ce que vous appelez la bourgeoisie. Ces conquêtes eussent été, je le répète, compromises par vos impatiences, car si je dois reconnaître vos bonnes intentions, vous devez vous reconnaître aussi votre ignorance des choses politiques ! Ce que vous ne semblez pas voir, c'est qu'une organisation gouvernementale ne s'improvise pas ; qu'il faut faire chaque chose à son heure, en tenant compte, en respectant les situations acquises, et ce, afin de ne pas indisposer contre ce nouveau gouvernement, tous les partisans de l'ancien état de choses encore nombreux, et surtout très-influents : vous voyez bien que pour être plus prudents, nous n'en aimons pas moins la République.

GÉRARD. — Je ne vous ai jamais contesté votre amour pour la République qui nous régit, nous verrons tout-à-l'heure si vous montrez les mêmes sympathies, les mêmes acclamations pour la République des travailleurs quand j'en mettrai le plan sur vos yeux. Celle-là c'est celle qui ne consulte pas l'heure qu'il est quand il s'agit de bien faire, c'est celle qui n'a nul souci des choses politiques et des compromissions. C'est celle enfin, qui, je vous l'ai dejà dit, permettra aux ouvriers de vivre de leur travail, au détriment peut-être de l'exploitation, mais vous me permettrez bien de négliger cette dernière considération et de ne pas m'occuper de cette lèpre, n'est-ce pas ? Car en tout état de cause les exploiteurs actuels ne seront pas à plaindre dans la République des travailleurs. Je vais maintenant m'occuper de développer mes théories creuses, comme vous dites ; prêtez moi votre attention, dites ce que vous en pensez et l'auditoire nous jugera. Cela vous va-t-il ?

PORTEFOIN. — Dites ce que vous voudrez, M. Gérard, mais laissez-moi vous déclarer d'abord que je proteste énergiquement contre toute atteinte à la propriété.

GÉRARD. — C'est justement parce que je veux me placer sur le terrain du respect de la propriété ; terrain dont vous faites votre base d'opérations, vous bourgeois. C'est parce que je serai sur ce terrain, dis-je, que je pourrai vous obliger à admettre mes théories, ou vous forcer à avouer que vous voulez bien que l'on respecte votre propriété, mais que vous ne voulez nullement vous engager à en agir de même avec autrui. Je vous ai promis d'être franc, je le suis puisque je vous déclare même que ne m'en rapportant que faiblement à votre bonne foi dans la discussion, j'ai résolu de précéder par questions, au lieu de faire un exposé, car si je vous fournissais d'un seul jet tout le jeu de l'organisation socialiste, et que vous soyez ensuite appelé à vous prononcer sur les divers points fondamentaux qu'elle renferme, vous fuiriez les situations principales pour m'en reconstruire d'autres auxquelles vous donneriez la couleur des miennes, afin de tromper votre auditoire ; de cette façon nous ne pourrions pas être jugés équitablement ; je vous l'ai dit, je veux éviter les effets de cette tactique habituelle à la bourgeoisie, tactique que vous avez déjà tout-à-l'heure tenté d'appliquer en défigurant ma pensée et en nous montrant nous les socialistes prêts à nous emparer de ce que les autres possèdent.

Donc, M. Portefoin, si vous le permettez : 1re question.— Croyez-vous, oui ou non, que chaque individu par le seul fait de sa naissance ait acquis le droit de vivre.

PORTEFOIN. — Je ne dis pas non ?.....

GÉRARD. — Ce n'est pas répondre, oui ou non lui reconnaissez-vous ce droit.

PORTEFOIN. — Certainement... mais...

GÉRARD. — Je retiens votre aveu et devine votre objection ; je la néglige, elle va trouver sa réponse par la suite ; donc si chaque être possède indiscutablement le droit de vivre, cela implique forcément le droit d'avoir de quoi subsister, de posséder enfin tout ce qui est indispensable à la vie.

PORTEFOIN. — Il est évident qu'il faut boire, manger et s'habiller pour vivre ; mais la société dans laquelle cet individu se meut lui a créé un devoir en même temps, qu'elle lui a reconnu ce droit ; et ce devoir c'est de travailler pour se procurer toutes choses nécessaires à la vie.

Gérard. — Vous voyez bien, M. Portefoin, que vous êtes en plein sur mon terrain, et sans vous en douter, puisque vous reconnaissez que chaque être a le devoir de travailler pour vivre.

Portefoin. — A moins qu'il ne puisse se procurer ces moyens d'une manière quelconque, soit qu'il les possède ou qu'il les paie avec de l'argent, ou de tout autre manière que ce soit.

Gérard. — Cette réserve était inutile, car nous l'examinerons tout-à-l'heure au point de vue de la possibilité, pour le moment restons sur ce point qui m'est acquis, l'homme doit travailler pour vivre. C'est-à-dire que si jeté sur la terre avec son droit de vie, l'homme ne cultivait pas cette terre, ne faisait pas de pain, ne construisait pas de maisons, ne fabriquait pas de vêtements, cet homme, dis-je, détruirait son droit, en fuyant son devoir, devoir qui s'impose à l'exercice du droit.

Portefoin. — Naturellement.

Gérard. — Vous voilà dès les premiers pas de notre discussion, forcé de reconnaître que celui qui ne produit pas perd le droit de consommer.

Portefoin. — Je vois où voulez me conduire, et je vous y attends, car je vous ai déjà fait observer que celui qui pouvait se procurer tous les éléments de la vie d'une manière quelconque, pouvait exercer son droit puisqu'il payait pour s'exonorer du devoir.

Gérard. — C'est-à-dire que vous payez pour que l'on produise pour vous de façon que celui qui acceptera cette tâche devra produire pour deux, car il a son devoir aussi lui, et alors je ne vous vois pas lavé du reproche de vivre au dépend de la production du pauvre ; nous examinerons je vous l'ai dit, cette prétention : ne nous égarons pas, et reconnaissez-vous, oui ou non, que naturellement et dénué de tout subterfuge, le droit de vivre implique le devoir de travailler.

Portefoin. — Pour celui qui n'a rien, c'est entendu.

Gérard. — Remarquez bien que je ne cherche pas à vous arracher un aveu, par aucun moyen, piège ou surprise, je suis, j'ose le dire d'une franchise indiscutable ; du reste vous en jugerez. Je continue, puisque le droit de vivre implique la possession des choses nécessaires à la vie pour quoi il y a-t-il tant de malheureux qui s'éteignent usés par les privations, qui meurent de faim en un mot ?

PORTEFOIN. — C'est une manière de parler ça M. Gérard, il n'y en a pas tant qu'ça qui meurent de faim, je ne dis pas qu'il n'y en ait pas qui pâtissent, mais ils ne meurent pas de faim.

GÉRARD. — Au milieu de votre bien être vous êtes mal placé pour connaître les souffrances, mais laissons encore ce côté de la question en dehors du débat. — Puisque vous reconnaissez qu'il est des êtres humains qui sont privés d'une partie du nécessaire, je vous demanderai si vous trouvez le fait juste, admissible, acceptable ? Et si vous pouvez me dire pourquoi il se produit ?

PORTEFOIN. — Il n'y a ni justice ni injustice en cause, si ils souffrent c'est qu'ils n'ont pas de quoi se procurer le nécessaire.

GÉRARD. — Pourquoi ne l'ont-ils pas alors ?

PORTEFOIN. — La raison en est simple, c'est parce que la consommation s'est ralentie.

GÉRARD. — Est-ce que la consommation pourrait se ralentir, si tous les êtres humains consommaient selon leurs besoins, et ne serait-ce pas ce qui arriverait si tous les producteurs justement rétribués pouvaient se donner le nécessaire ?

PORTEFOIN. — Evidemment, si le travailleur gagnait plus, il pourrait consommer davantage, et consommant davantage, il se créerait une source de travail ; mais comment faire que cela soit ?

GÉRARD. — Admettre que chaque travailleur entre en possession du produit intégral de son travail, car vous voyez bien, M. Portefoin, que si l'on veut suivre honnêtement la trace, faire l'historique de la situation, on arrive tout droit à la condamnation radicale de la redevance du prêt et de l'exploitation du travailleur. Puisque dans le cercle dans lequel l'ancienne société est enfermée on lit : le travail chô-

mant, la consommation s'arrête ; la consommation s'arrê-
tant, ce que vous appelez les crises commerciales se com-
pliquent, la misère s'aggrave. Alors vos économistes se
creusent le cerveau pour chercher le remède à ce mal
terrible, tandis que dans la société faite par le socialisme,
chacun possédant et vivant du produit intégral de son travail pourra consommer beaucoup plus ; consommant plus,
il accentue, il active la production ; donc, plus d'arrêt, de
chômage, de crise ni de misère, qui accusent l'égoïsme de
l'homme et de la société. Ayez donc assez d'honnêteté pour
reconnaître que votre intérêt même vous commande de ne
pas vous mettre en travers de mes projets, puisque votre
organisation à vous se désagrége, puisque la vérité se
montre à l'ouvrier sur sa situation et que l'heure avance
à grands pas où il posera énergiquement ses justes revendications. Je fais là un appel inutile à votre bonne foi, car
la soif de la possession vous aveugle, mais tant pis pour
vous.

Que se passe-t-il aujourd'hui ? La plus grosse part du
produit du travail du plus grand nombre est accaparée par
un nombre infime, et ce nombre infime, ne pouvant consommer d'une façon profitable ce qu'il ravit au producteur,
le capitalise ou le dissipe d'une façon complétement étran-
gère aux nécessités de la production ; s'il le capitalise, vous
avez les grandes fortunes ; s'il le dissipe, vous avez les
grandes immoralités, les grands vices. Vous voyez donc
qu'en dehors de la nécessité qu'il y a, au point de vue de la
justice, d'empêcher qu'un petit nombre ne dépouille le grand
nombre, il y aurait encore des raisons suffisantes à invoquer pour réclamer l'application des doctrines socialistes,
puisque cette application rétablirait l'harmonie entre la
production et la consommation et serait un sûr garant de
paix et d'harmonie dans la société humaine, et vous êtes
avares de paix, vous, la bourgeoisie !

PORTEFOIN. — Sans doute, les agitations ne sont profita-
bles à personne, aussi, est-ce pour cela que je ne voudrais
pas vous voir troubler la cervelle de ces braves gens par de
fausses doctrines ?

GÉRARD. — Vous n'avez pas la prétention de qualifier
ainsi les idées que j'ai tout-à-l'heure émises. Les trouvez-
vous fausses, oui ou non ? Prononcez-vous !

Portefoin. — Fausses, je ne dis pas, mais tout au moins inadmissibles.

Gérard. — Consultez ceux qui nous ont entendus, vous verrez s'ils sont de votre avis.

Portefoin. — Ces gens-là comprennent fort bien que je ne peux pas employer du monde quand je n'ai pas d'occupation et que si la rétribution n'est pas tout à fait satisfaisante, c'est parce qu'il y a trop d'ouvriers à courir après le peu d'ouvrage qu'il y a. En morte saison tout ce monde besogneux est encore bien heureux de trouver de quoi avoir du pain, croyez-le bien.

Gérard. — D'où il suit que ces gens-là ne travaillent pas pour le prix qu'ils estiment leur ouvrage, mais bien pour ce qu'ils en trouvent, afin de ne pas mourir de faim. Croyez-vous que ces gens-là jouissent du fruit de leur travail, qui est leur propriété, aussi librement que vous de vos écus et de vos terres?

Portefoin. — Que voulez-vous, ce sont les effets de la concurrence qui créent ces situations.

Gérard. — En me disant que c'est la concurrence qui crée ces situations vous me donnez envie de vous établir un parallèle. Voici un ouvrier sans ressources, il a faim. Le détenteur du travail lui dit : travaille, voilà mes conditions; et ces conditions donneront à peine à celui qui les acceptera assez de pain pour vivre: en face de la mort, il consent. D'un autre côté, voici un homme attiré dans un piége. Il est riche, et là sous la menace de mort, il doit souscrire des valeurs pour sa rançon, la payer s'il a de l'argent sur lui, ou s'engager à verser cette somme entre les mains de ses voleurs, assurés de l'exécution du traité. Est-ce que libre il ne trouvera pas l'appui de la société pour le délier de son engagement et le protéger contre ceux qui l'avaient captivé? Oui, n'est-ce pas? Et bien! est-ce que le travailleur qui aura donné son capital, son travail enfin, pour un prix dérisoire et en dehors de son libre consentement mais en face de la mort aussi trouvera la même protection? Répondez-moi, M. Portefoin... Vous vous taisez, n'est-ce pas, et votre « c'est la concurrence » est la seule réponse que vous puissiez faire. Et ceux qui occupent des travailleurs dans ces conditions le font sans nul souci des misères qu'ils préparent, n'est-ce pas? Ils profitent de la situation, et voilà tout; ils ne voient, eux, dans la faim qu'un puissant auxiliaire à l'accroissement de leur bien-être, et le droit naturel, le droit primordial, celui de vivre enfin que vous avez tout à l'heure dû reconnaître est par ce fait mis à néant. Or, tant que vos gouvernants n'auront pas décrété de mort tous les citoyens pris en flagrant délit de chômage, absolument comme on fait pour les chiens errants, ils auront implicitement reconnu à ces citoyens le droit de vivre, et comme pour vivre il faut boire et manger comme nous en sommes convenus tout à l'heure, ces citoyens seront donc dans leur droit en se procurant le nécessaire par quelque moyen que ce soit. Voilà un dilemne qui vous enserre, M. Portefoin, sortez-en, si vous pouvez : ou la société est tenue de leur procurer le travail, la production qui donne droit à la consommation, ou elle leur fournira cette consommation, si elle ne veut pas que ces citoyens s'en emparent où ils la trouveront.

Croyez-vous que je vous aie donné des preuves assez suffisantes, assez indiscutables, que le détenteur du capital, argent ou terre, frustre sciemment le capital travail, et que dans ces organisations où l'homme n'est pas coupable ce vol devient un assassinat, puisqu'il produit mort d'homme par la faim; il se met ainsi hors la loi, hors la justice.

PORTEFOIN. — Vous ne pouvez vous passer de faire de sombres tableaux, monsieur Gérard.

GÉRARD. — Vous ne répondez pas, M. Portefoin. Oui ou non, le travailleur qui n'a que son labeur pour capital, en jouit-il aussi librement que vous de vos terres et de votre argent?

PORTEFOIN. — Ce n'est pas la même chose. Ce sont deux propriétés différentes; du reste, est-ce que je m'oppose à ce qu'il dispose de son capital à sa guise? Je ne le vole pas; je profite des effets de la concurrence comme j'y suis soumis moi-même, voilà tout; que le travailleur s'arrange pour que le capital se livre à bas prix comme le travail, et votre reproche tombera de lui-même.

GÉRARD. — Soit, je retiens votre engagement. Vous

venez de me dire : que le travail fasse que le capital se
livre à bas prix. En me disant cela, vous devez avoir l'intention de laisser au travail la liberté nécessaire pour que
votre conseil soit suivi, ou sans cela vous ne seriez qu'un
malhonnête homme. C'est du reste ce que nous allons voir
par l'accueil que vous ferez aux mesures que je vais vous
indiquer et qui devront être prises par les travailleurs afin
de garantir leur propriété. À tout engagement il faut une
garantie, une sanction, n'est-ce pas? Nous allons examiner
celles dont nous jouissons l'un et l'autre, vous, la bourgeoisie, moi l'ouvrier, et afin de mieux vous faire sentir
cette absence de garanties pour moi, je veux par une supposition vous montrer l'inanité de celles que vous prétendez
que je possède. Je suppose que toutes les écoles socialistes
réunies aient d'un commun accord arrêté un programme,
ce qui est admissible puisqu'elles n'ont qu'un but. Ces
écoles de toutes nationalités réunies forment un comité
international (ici je vous aperçois sauter sous le mot international) qui groupe et fédéralise tons les travailleurs
européens. L'organisation terminée, le conseil fédéral décide l'application des mesures étudiées, discutées préalablement au sein de toutes les chambres syndicales d'abord
et résumées par le conseil supérieur, délégation de celles-ci.
Il est évident, n'est-ce pas, que le point fondamental de
leurs décision sera : 1° Qui ne produira pas, ne consommera
pas; 2° Nul ne devra prêter son concours pour quelque
redevance que ce soit à qui n'aura pas produit. Que dites-
vous de la situation faite au capitaliste par l'application
rigoureuse de ces deux points? Vous figurez-vous le détenteur de l'argent ne pouvant à quel prix que ce soit se procurer quoi que ce soit sans une carte de production?

Remarquez que je ne fais cette supposition que pour
vous montrer ce que pourraient les travailleurs fédéralisés.

Portefoin. — Mais ce serait la négation de toute liberté
car enfin vous ne pouvez pas m'empêcher, à moi marchand,
de vendre à un oisif, à qui que ce soit en un mot et pour
le prix que j'y fixe la marchandise dont je suis détenteur.

Gérard — Je n'ai jamais montré cette prétention ; mais
si vous faites partie de la fédération vous y serez obligé
par le contrat, si vous êtes en dehors vous serez forcément
victime de l'interdit, quant à la liberté que vous réclamez

ne venez-vous pas de me dire qu'il fallait que le travail s'arrange de façon à ce que le capital se livre à merci et dès la première supposition d'une mesure de ce genre vous criez à l'oppression, auriez-vous par hasard, vous, de votre côté l'intention de me forcer à labourer votre terre, à coudre vos vêtements, s'il me plaît de ne pas le faire ?

PORTEFOIN. — Mais c'est une grève universelle que vous voulez organiser ?

GÉRARD. — Je veux mieux faire qu'organiser une grève, car contre elle vous envoyez régulièrement vos chassepots et cela sous prétexte d'impartialité ; nous sommes sur le terrain des suppositions et répondez-moi ; que devient le détenteur du capital s'il ne peut se procurer avec son argent ni pain, ni vêtements, ni services ?

PORTEFOIN. — Encore une fois ce serait de l'iniquité.

GÉRARD. — Que faites-vous donc, vous, capital argent en face du capital travail quand il vient s'offrir à vous ? Vous l'obligez à mourir de faim en travaillant, vous ne criez pas à l'iniquité alors, lequel des deux est le plus inique de celui qui dit : souffre en travaillant pour que je puisse jouir, ou de l'autre qui dit dit : produit comme moi si tu veux vivre comme moi ; répondez M. Portefoin, lequel des deux est le plus juste, où est l'iniquité ? Est-ce dans une société de millions de travailleurs, refusant leur concours aux oisifs ou chez les oisifs voulant vivre aux dépens d'autrui, prononcez-vous donc, afin que l'on vous juge ?

GUILL. — Ah ! ah ! à la bonne heure, vous voyez M. Portefoin, que les choses bien expliquées prennent une toute autre tournure, je n'avais pas pu, moi, vous détailler tout ça comme ça, aussi vous m'écrasiez du premier coup, mais vous sentez que ça résiste ici, hein ? qu'en dites vous ?

PORTEFOIN. — Ça résiste, évidemment, mais résister n'est pas être dans le vrai ; car enfin, si en travaillant je me prive pour faire des économies !....

GÉRARD. — Je vous arrête ; vous m'excuserez, mais c'est indispensable, vous dites que vous vous privez et de quel droit, s'il vous plaît ? vos privations sont un vol fait à la société d'abord car elle a besoin de toute votre consommation pour ne pas déranger l'équilibre de la production, ensuite parce qu'en vous privant vous diminuez d'une façon relative, soit pour l'instant, soit pour plus tard, vos forces qui sont un élément de production, puis enfin parce que les privations que vous vous imposerez sur votre consommation diminueront celle-ci et finiraient dans un temps donné comme je vous disais tout-à-l'heure par porter atteinte à l'équilibre entre la production et la consommation. Et par ailleurs que ferez-vous de vos économies, vous ne pourriez que les prêter à la paresse qui consentirait vis-à-vis de vous une redevance, redevance qui, plus tard vous permettrait à votre tour de vous soustraire à la loi du travail, vous voyez que là encore, l'équilibre vous enserre, et qu'à cause de lui je ne puis que condamner à l'avance votre supposition d'économie. Voilà donc un point principal d'assis, de reconnu, d'admis, et cela résultant de notre discussion, il était nécessaire qu'il fût établi avec cette précision pour refuter les négations que vous pourriez introduire plus tard dans nos revendications. Ce point c'est le droit qu'a chaque travailleur d'entrer en possession du produit intégral de son travail, mais comme pour entrer en possession de ce droit il va trouver devant lui l'ancien état de choses debout et menaçant il faut donc qu'il s'organise pour briser cet obstacle c'est-à-dire opposer théories à théories, et au besoin sa force à la force de son adversaire, si celui-ci voulait jeter ce moyen dans la balance, car je retiens votre parole « que le travail fasse que le capital se livre à merci. »

Portefoin. — Vous n'avez pas la prétention de croire que j'admets toutes les définitions que vous avez donné de certaines situations sociales, vous seriez dans l'erreur.

Gérard. — Discutons-les alors. Quelles sont celles que vous mettez en doute ?

Portefoin. — D'abord vous niez le droit à l'économie par la privation parce que, dites vous, il ne peut être productif qu'en se portant à des compromissions avec un vice non producteur ; s'il en était autrement, si plein d'amour pour mes enfants je voulais sacrifier ma vie à un travail incessant afin de leur éviter ces fatigues qui m'auraient semblé douces dans la perspective de leur en consacrer le produit, vous y opposeriez-vous ?

Gérard. — Certainement je vous ai déjà nié cette prétention et démontré les raisons qui s'y opposent et ces raisons sont aussi bien applicables aux enfants qu'aux autres citoyens, car cet acte si on le tolérait serait le premier pas dans la voie de la concurrence et nous en souffrons trop pour en permettre les premiers germes ; les lois de l'équilibre sont inflexibles, vous ne pouvez les nier.

Portefoin. — Je ne reconnais rien ; je laisse à notre auditoire le soin de juger ce que vous appelez la liberté.

Gérard. — D'accord ! vous voyez, M. Portefoin, combien le point de vue d'appréciation de l'état actuel c'est-à-dire de la société gérée par et pour la bourgoisie diffère selon que l'on se place, que l'on juge d'après les règles erronnées de cette société, ou que l'on compare ces règles à celles d'une société organisée par et pour la majorité, par les producteurs enfin ; l'antagonisme est flagrant entre les intérêts ; où est le vrai, répondez-moi, est-il chez l'exploiteur ou chez l'exploité ? prononcez-vous donc enfin !

Portefoin. — Evidemment les masses sont la force, mais dites donc aussi que la force prime le droit.

Gérard. — Vous n'êtes pas de bonne foi et puisque malgré mes précautions vous tournez encore ma question, je vais la poser autrement et je vous demande : un individu a-t-il le droit d'opprimer tout ou partie de ses concitoyens?

Portefoin. — Evidemment non, mais décemment peut-on se dire opprimé sous un gouvernement républicain ?

Gérard. — Examinons le fait en analysant dans l'histoire les luttes du progrès et les efforts de la réaction.

Après la révolution de 1830, le peuple maître de la situation, avait exigé de ses gouvernants l'organisation de la garde nationale, c'est-à-dire le principe de la nation armée afin de posséder une garantie contre les agissements réactionnaires : on lui promit, il crut que cela suffisait ; Louis-Philippe maintint l'institution, mais la bourgeoisisa, c'est-à-dire que sous prétexte d'épargner au peuple les pertes du temps du service, il laissa seulement la bourgeoisie armée. Ce prétexte avait l'avantage de laisser sans défense les amis de la liberté et de les livrer pieds et poings liés aux partisans des monopoles. Après 1848 le sinistre homme de décembre ayant beaucoup plus à craindre, même de la bourgoisie, ne voulut que des instruments armés c'est-à-dire des hommes brisés à la discipline et aveugles sous le harnais, aussi ne laissa-t-il plus aucun citoyen en arme. Après 1871, après la guerre, alors que le peuple souffrait encore de ses tortures morales et physiques, le sinistre vieillard, notre grand patriote qui n'aimait son pays que pour avoir la joie d'en faire mitrailler les meilleurs éléments, M. Thiers enfin, se hâta de nous retirer nos fusils, seule garantie je le répète contre les prétentions des exploiteurs dont il était l'image incarnée : sa haine contre tout ce qui travaillait et produisait s'est traduit plusieurs fois par de sanglantes repressions, Lyon, Transnonain et la Semaine sanglante ont écrit cette haine en lettres de sang.

Pendant le siège de la commune après la prise de Paris, quoiqu'il ne fut pas le général en chef, il n'avait qu'un mot à dire et le carnage cessait. Mais cet insurgé de 1830 ne pouvait pas admettre que le fusil qui fut son arme d'affranchissement devienne la garantie des citoyens. Oui à cette dernière époque, cet habile politique comprit que le peuple armé pourrait cette fois donner plus d'écho à sa voix et tremblant pour sa caste devant des revendications probables, il ne trouva rien de mieux que le désarmement général ; et quand je vous montre ce peuple, ces millions d'êtres, de travailleurs désarmés, à la merci d'une poignée de jouisseurs qui ont eux pour garantie de leurs iniquités, la magistrature, l'armée, le capital vous venez me dire que je ne suis pas opprimé par vous ! vous vous moquez de moi !

Mais vous-même, M. Portefoin, n'avez-vous pas pétitionné quand la faction royaliste s'était emparée du pouvoir en mai et en avait chassé vos amis, n'avez-vous pas pétitionné et protesté contre eux ? Ne vous prétendiez-vous pas opprimé et pouvez-vous aujourd'hui montrer autant d'illogisme et d'inconséquence en me refusant ce que vous avez cru de votre droit ? Pourquoi vous qui vous appuyez sur cette trinité, la toge, l'argent et le fusil, ne voulez-vous pas m'accorder à moi cette autre trinité, le droit de réunion qui sera ma toge, le droit d'association qui sera mon capital, puis enfin le fusil comme à vous messieurs ! pour garantie du respect du droit de chacun ? Si vous n'avez pas de mauvaises intentions contre moi, pourquoi craindre des armes en mes mains, est-ce que je vous querelle pour vos gendarmes, moi ?

PORTEFOIN. — Vous dites que j'ai protesté : sans doute, mais protesté sans comme vous réclamer des armes parce que je savais que l'heure de la justice sonnerait et que le scrutin me délivrerait de cette oppression.

GÉRARD. — Parfaitement répondu ; mais en 1830, en 1848, pourquoi avoir pris le fusil et ne pas avoir attendu cette heure de la justice ?

PORTEFOIN. — A cette époque je n'avais pas le suffrage universel, ce souverain juge qui permet au progrès de s'accomplir selon l'impulsion de l'opinion publique.

GÉRARD. — Nous allons finir par nous entendre ; et si aujourd'hui une minorité infime essayait de s'opposer à l'exécution des décisions prises par la majorité, que feriez-vous ?

PORTEFOIN. — Cette minorité m'obligerait à la contraindre, par la force au besoin, à se courber devant les œuvres de la majorité.

GÉRARD. — Très-bien, je suis tout-à-fait de votre avis ; et bien croyez-vous que le suffrage universel, sans le droit de réunion, la liberté de la presse, enfin sans toutes les libertés corrolaires de ce droit, peut me donner d'autres produits que des bourgeois pour mandataires ? Non, n'est-ce pas. Croyez-vous enfin qu'une Chambre de bourgeois ayant des intérêts opposés aux miens, m'accordera ces libertés qui seraient le premier pas vers son anéantissement ? Vous ne le croyez pas non plus. Dans cette hypothèse je suis donc absolument dans le même cas que vous, dans les mêmes conditions que vous étiez en 1830 et en 1848, conditions qui vous ont fait prendre le fusil contre un état de choses que vous avez renversé, et si cet état de choses vous avait donné satisfaction vous ne vous en seriez pas préoccupé autrement. Ceci, laissez moi vous le dire, est une simple remarque, car je suis trés-satisfait de la situation que je vais vous remettre sous les yeux, à propos des droits de la majorité et des devoirs de la minorité, droits etdevoirs sur les quels vous vous êtes prononcé tout-à-l'heure d'une façon bien formelle. Je continue : les travailleurs syndiqués sont groupés dans chaque corporation autour de leur Conseil syndical, et régulièrement assemblés ils discutent et délibèrent sur les divers intérêts de la corporation, arrêtent les mesures nécessaires pour sauvegarder ces intérêts. Toutes ces chambres réunies confient par délégation à de leurs collègues, mission de les représenter en une assemblée fédérative, qui elle à son tour, est appelée à connaître des décisions des chambres syndicales afin de s'assurer que ces décisions tout étant en conformité de vue et d'intérêts avec les besoins de la corporation, n'ont cependant rien de contraire aux intérêts généraux ouvriers ; les mesures, vous le voyez, pour engager les syndiqués, pour avoir force de lois parmi eux, offriront toutes les garanties désirables d'œuvre de majorité. Je n'ai pas besoin de vous faire ressortir tout ce que ces mesures auront de contraire aux intérêts de la société actuelle. Voici donc deux intérêts rivaux en présence, deux forces rivales, deux efforts différents prêts à se produire, les ouvriers prêts à leur affranchissement, les bourgeois prêts à resserrer les liens qui entravent, qui rivent le travailleur à sa peine. Me voici en face de vous, avec des mesures pacifiques, justes, étudiées, je vous l'ai dit; et bien me laisserez-vous accomplir mon organisation, ou vous y opposerez-vous, répondez moi et souvenez-vous que vous venez de dire que si une minorité infime venait à s'opposer à l'exécution de l'œuvre de la majorité, vous l'y contraindriez par la force au besoin. Je viens de vous montrer la majorité prête à agir, et vous ne contesterez pas le titre de majorité à la classe travailleuse, et bien vous, minorité menacée dans vos intérêts j'en conviens, je ne dis pas obéirez-vous à la majorité,— elle ne vous demande pas cela — mais la laisserez-vous accomplir son évolution pacifique ou bien cramponné à vos privilèges, appelerez-vous comme c'est votre habitude, contre ces pacifiques revendications, vos éternels auxiliaires, la force brutale, la corruption? Dans le premier cas, dans le procès instruit contre vos privilèges, vous pouvez espérer en sortir tout ce que l'équité peut vous laisser ; dans le second cas, vous me forcez de répondre à la force par la force, et à votre corruption par d'énergiques mesures, et alors vous courez risque de subir les chances d'un conflit que vous seul aurez provoqué, et vous vous mettrez en contradiction avec votre axiome : *la majorité décide, la minorité obéit.*

PORTEFOIN.—Enfin vous montrez donc le bout de l'oreille, ce que vous réclamez, ce que vous desirez, ce sont les moyens d'agiter le pays, de le jetter dans de nouvelles révolutions, quand chacun croyait que l'application du régime Républicain fermait à jamais l'ère des révolutions brusques.

GÉRARD. — N'affichez pas autant de jésuitisme, je vous en prie, M. Portefoin ; en m'accusant de vouloir des révolutions, quand c'est vous qui les provoquez. Donnez-moi des droits égaux aux votres, acceptez des devoirs égaux aux miens, et l'ère des solutions brusques sera fermée à jamais cette fois. Laissez-moi marcher au progrès avec un moyen pacifique, voilà la paix ; essayez de m'opprimer, je me revolte alors : c'est donc vous qui me déclarez la guerre, et je ne suis, en vous tenant tête, que dans le cas de légitime défense.

PORTEFOIN. — Vous êtes assommant avec vos hypothèses, pourquoi voulez-vous reconnaître aux ouvriers le droit de se réunir, et de prendre des mesures que les représentants du pays auraient peut-être à blâmer, voir même à réprimer.

GÉRARD. — Votre observation à deux côtés distincts, auxquels je vais répondre, croyez-le bien, M. Portefoin. Commençons par le premier côté, je veux que les ouvriers aient une chambre fédérative, à côté de votre représentation nationale, parce que légiférer et régler des intérêts corporatifs sont deux choses distinctes, et que nul mieux que les travailleurs réunis, ne peut décider de ce qui doit être fait dans l'intérêt des corporations.

PORTEFOIN. — Voyez comme les radicaux sont inconséquents dans leur programme, ils demandent la disparition de l'Eglise, parce que, disent-ils, elle forme un Etat dans l'Etat, et eux veulent créer un organisme complet qui serait certes plus puissant et plus redoutable.

· GÉRARD. — Voici encore une interprétation jésuitique de nos principes, car que représente l'Eglise dans votre Etat, une minorité infime voulant dominer au spirituel autant qu'au temporel ; que représenteraient les chambres syndicales fédéralisées, la nation presque entière, puisqu'elles seraient composées de tous les travailleurs.—Ensuite votre deuxième côté offre cette particularité, vous dites que les ouvriers prendraient des mesures que les représentants auraient peut-être à blâmer, peut-être à réprimer.

Mais, mon cher monsieur Portefoin, vos représentants n'auraient pas besoin de s'occuper de ce côté de la gestion du pays, et de même que dans toutes les grandes administrations on voit des directions différentes et distinctes, direction financière, direction commerciale, on verrait dans la nouvelle organisation sociale deux directions différentes, celle qui gérerait les intérêts généraux de la nation et celle qui gérerait les intérêts corporatifs ; ayant un terrain différent, des attributions différentes, ces deux corps, ces deux pouvoirs ne peuvent avoir aucune autorité, aucun droit l'un sur l'autre. La première serait votre Chambre des députés, la seconde serait la délégation fédérative des chambres syndicales ouvrières.

Portefoin. — Vous vous plaignez du Sénat comme d'un rouage inutile, et vous voulez vous-même compliquer ce rouage en remplaçant le Sénat par une chambre fédérative ; c'est au moins de l'inconséquence !

Gérard. — Réfléchissez que le Sénat représente exactement les mêmes intérêts que la Chambre des députés, donc c'est une complication, tandis que l'assemblée fédérative représenterait des intérêts tout différents, donc ce serait une utilité.

Vous voyez que je ne suis pas si illogique que vous voulez bien le dire. En somme, que demandons-nous pour faire notre émancipation ? le droit de réunion et d'association. Avec ces deux armes, nous forgerons notre indépendance, croyez-le bien. A moins que les capitalistes, retranchés derrière leur force brutale, ne nous barrent la route. Alors, comme je vous le disais tout-à l'heure, ils nous condamneraient à un effort énergique où les solutions rapides paraîtraient sans conteste et seraient résolues sur l'heure, tranchées par l'effervescence, au lieu d'être l'œuvre de la patience et de la persévérance.

Portefoin. — La bourse ou la vie ! Voilà bien le langage des révolutionnaires, leur mot d'ordre enfin.

Gérard. — Je n'ai pas de peine à reconnaître que le lendemain d'une révolution, quand nombre des nôtres cou-

vrent encore le champ de bataille, lorsque les survivants
ont encore à la main le fusil chaud de la lutte et que vous
bourgeois, spectateurs effarés du combat, vous cherchez à
pressentir ce qui va ressortir de ce mouvement et vous
apprêtez à vous emparer de la situation au moyen d'hypo-
crites promesses ; je n'ai pas de peine à reconnaître, dis-je,
que nous avons toujours d'injustes prétentions, selon vous,
de malhonnêtes intentions, dites-vous ; ainsi vous con-
damnez la prétention que nous avons de vouloir que la
lutte où nous avons été meurtris nous soit profitable, et
nous avons la coupable hardiesse d'exiger, de vous les
gouvernants, de sérieuses garanties que vous trouvez toujours moyen d'éluder ; en un mot, en vous forçant à des
promesses que vous êtes décidés à ne pas tenir, nos exi-
gences ont fait de vous des gens sans parole, sans probité
politique ; voilà ce que vos consciences nous reprochent,
n'est-ce pas ? Et bien, monsieur Portefoin, cette culpabilité-
là nous l'acceptons et nous voulons l'aggraver encore, car
jusqu'alors le travailleur trop confiant s'est toujours reposé
du soin de ses affaires sur l'élément bourgeois qui le gri-
sait de promesses pour mieux le dépouiller de son droit,
qui lui étalait de larges programmes pour mieux capter sa
confiance ; et aujourd'hui que l'on voit ce bourgeois au pouvoir, en situation de réaliser ses pompeuses promesses, et
qui au lieu de suivre l'opinion publique, de marcher réso-
lument au progrès, se raidit contre les revendications
ouvrières, on reconnaît enfin ce qu'avait d'illogique la confiance que l'on vous accordait, et on est résolu à rompre
avec vous ; car, vos intérêts étant diamétralement opposés
aux nôtres, vous ne pouvez honnêtement être nos inspira-
teurs. Oserez-vous encore condamner notre manière d'agir,
dire que nous avons des intentions malhonnêtes ? Nous
combattons pour conquérir un droit et vous nous le ravissez
ensuite ; quel est celui de nous deux qui peut accuser
l'autre ?

PORTEFOIN. — On ne vous le ravit pas ce droit ; on le
réglemente tout bonnement, pour que vous puissiez vous
en servir sans danger.

GÉRARD. — Bourgeois, vous êtes des tartuffes.

PORTEFOIN. — Vous nous insultez !

GÉRARD. — Vous ai-je répondu ainsi quand vous nous avez représentés comme prêts à vous demander la bourse ou la vie? J'ai constaté un fait, je l'ai qualifié; on nous jugera. N'aigrissons pas la discussion. Continuons si vous le voulez bien, et puisque le terrain des solutions brusques où j'ai certes le plus beau rôle, vous ne pouvez le nier, ne vous laisse pas le calme nécessaire pour écouter l'exposition de mes moyens, accordez moi le côté pacifique de la solution, car je suis décidé à en obtenir une, sachez-le bien. C'est-à-dire la faculté de prendre telles mesures qu'il sera nécessaire pour défendre mes intérêts. — J'ai pu jusqu'ici vous parler de principes communs à tous les socialistes, tandis que tout-à-l'heure, je vais vous entretenir de moyens nés en mon cerveau, et qui n'auront rien de commun peut-être avec ceux qu'un conseil fédératif adopterait. Ainsi les chambres syndicales sont réorganisées, la fédération internationale même est un fait accompli, une assemblée ou conseil fédéral corporatif existe, et il met en œuvre son programme, il marche vers son but, donner au travailleur le produit intégral de son travail. Comme nous avons déclaré examiner le côte pacifique, nous disons que nous ne pouvons d'un seul bond arriver à ce but, et qu'il y faut aller par étapes mesurées et bien assurer chaque position conquise. — Je suppose que pour forcer les monopoles dans leurs retranchements, le conseil fédéral adopte le système d'interdiction, c'est-à-dire le refus des bras producteurs, et qu'il applique successivement dans diverses régions, et à plusieurs industries ce mouvement préalablement étudié et savamment combiné, afin de ne pas arrêter brusquement ce que vous appelez les affaires ; supposez que l'on frappe d'abord là où la main d'œuvre est la vie, et il est bien évident qu'en laissant la faculté au détenteur du travail de rester non maître de la situation, mais au moins la faculté d'user de moyens pour défendre ses intérêts, il est bien évident, dis-je, que l'on verra facilement céder ce point ; ce point acquis, solidement occupé nous donne évidemment de nouvelles recrues, nous frappons plus haut alors et ainsi de suite jusqu'à la citadelle des monopoles. Je n'ai pas besoin de vous dire, que les bras que nous forcerons au repos, par suite de l'application de l'interdit, trouveront aide et solidarité parmi ceux qui garderont leurs situations, et remarquez bien que les bras qui s'arrêteront ici, ne pourront pas être remplacés par des bras pris ailleurs, la fédération parant radicalement à ces substitutions ruineuses pour le prolétariat ; en face de cet état de choses la résistance du détenteur ne saurait être longue, n'est-ce pas, puisque tout concours producteur de toute espèce lui est radicalement refusé ; multipliez cet interdit (1) par le nombre de corporation ou d'industrie, et jusqu'à concurrence de réduction à merci du capital, et vous aurez la solution que nous préparons. Vous voyez M. Portefoin je ne le vole pas non plus moi le capital, je le réglemente pour pouvoir m'en servir sans danger, seulement moi je déclare franchement que cette réglementation, c'est l'anéantissement du capital. Maître du travail, vous lui donnez juste de quoi le faire subsister, afin de ne pas tarir la source de votre bien-être. Ainsi fera le travail ; l'argent, il le laissera subsister, mais avec sa propriété de valeur représentative seulement ; et laissez-moi revenir sur cette observation, veuillez remarquer la différence de conclusions : vous capital argent, vous dites au capital travail : enrichis-moi ou meurs de faim ; le capital travail vous dira : travaille comme moi, tu vivras comme moi.

Résumons-nous si vous voulez ! M'accordez-vous le droit de réunion.

Portefoin. — Sans doute, avec la réglementation obligée.

Gérard. — Votre réglementation est la négation du droit, je vous l'ai dit, mais le droit d'association ?

Portefoin. — Dans les mêmes conditions.

Gérard. — Mon observation subsiste encore, car avec

---

(1) Dans le cas d'interdit, quand les bras manqueront aux champs pour les cultiver, aux machines pour les mettre en mouvement, l'état social sans dépouiller les détenteurs de la terre et des outils pourra leur dire : Ce champ ne peut rester inculte, si vous ne pouvez le cultiver, ce n'est pas une raison pour que la terre soit improductive. Je reconnais qu'il est à vous que c'est votre propriété, mais je vais lui confier la mienne, la semence, l'engrais et le labour, et són produit m'appartiendra, car, je n'userai pas cette propriété ;

Ces outils sont inactifs, vous ne pouvez les mettre en mouvement, je vais les faire produire, et comme c'est votre propriété, que je dois vous la garder intacte, ou vous la rembourser. Je vous paierai la redevance de l'usure que ce fonctionnement opérera, mais le produit m'appartiendra puisque ma main d'œuvre aura été le chef de la production.

vos réglements vous m'empêcherez la fédéralisation internationale.

Portefoin. — Evidemment, je m'opposerai à votre
internationalisme, car je ne vois pas pourquoi vous voulez
vous occuper des étrangers quand vous avez peine à faire
pour vous.

Gérard. — Je m'attendais à votre opposition et surtout
aux raisons sur lesquelles vous vous appuyez ou du moins
sur celles que vous croyez bonnes à nous opposer. Vous
savez bien M. Portefoin que c'est dans l'internationalisme
que la question trouve son entière solution, et c'est bien
parce qu'il avait reconnu cette puissance que votre sangui-
naire représentant, votre illustre politique, le petit Foutri-
quet, comme l'appelait Humbert, a lancé ses foudres et ses
gendarmes contre cette idée. Oui, M. Portefoin, oui, nous
voulons internationaliser la lutte afin que quand les travailleurs français refuseront leurs bras à l'exploitation, celle-ci
ne puisse pas les remplacer par des bras étrangers et
mettre à néant nos gigantesques efforts et rétablir une
concurrence que nous serions parvenus à briser autour
de nous. Ainsi vous me refusez le droit de réunion,
le droit d'association, même international, vous me
refusez l'armement des citoyens, en un mot tous les
éléments de mon affranchissement ; soyez donc enfin franc,
dites donc que vous ne voulez pas que je m'affranchisse.
Moi je le suis franc et je vous déclare d'une manière
formelle que je suis las du joug et que, quelque soient
vos efforts et vos moyens mis en œuvre contre moi, je bri-
serai ma servitude. Quand tous ceux qui ont des intérêts
semblables auront entendu et compris la vérité, quand en
un mot le jour sera fait pour eux sur leur situation et celle
de la bourgeoisie, ce jour-là, M. Portefoin, les travailleurs
n'auront qu'à dire *il faut que cela soit et cela sera.*

Portefoin. — Parbleu ! avec le droit de faire des clubs
ayant des ramifications à l'étranger il vous faudrait aussi
armer tous les citoyens, et bien nous en verrions des révolutions, des boulversements ! pour la moindre des choses,
on se battrait.

Gérard. — Oui, j'avoue que j'ai cette velléité de vouloir
les citoyens armés et uniquement par idée de justice; puis-

que le gouvernant a des armes, c'est bien le moins que le gouverné soit dans les mêmes conditions, surtout si on considère que c'est le gouvernant qui doit obéissance au gouverné ; ensuite si par impossible, une fraction infinie quelconque de citoyens voulaient se révolter, comme vous le disiez tout-à-l'heure, est-ce que la masse armée ne serait plus apte à faire rentrer ces égarés dans l'ordre que vos gendarmes et vos soldats, et si au contraire cette fraction est la majorité, de quel droit celui qui doit obéir lui résisterait-il ? vous voyez donc bien qu'il n'est que juste que chaque citcyen ait par devers lui la garantie de son droit de liberté.

PORTEFOIN. — Vous avez des prétentions impossibles, M. Gérard, un raisonnement plein de sophisme.

GÉRARD. — Ah ! mon raisonnement est faux, demandez donc à ceux qui nous entendent, s'ils ne trouvent pas juste que les armes soient égales entre deux lutteurs ; quand je vous ai montré les maux causés par le capital, vous m'avez dit que le travail fasse qu'il soit à sa merci, et quand ce capital dispose d'une force brutale, vous ne voulez pas égaliser les armes.

GUILL. — Il n'y a pas à dire, M. Portefoin, tout ça c'est vrai et bien vrai, et si tous les gens de la campagne expliquaient ça comme ça, vous n'auriez plus beaucoup de monde de votre avis.

GÉRARD. — Remarquez, M. Portefoin, que pendant une journée entière, je vous fournirai des arguments, et tous meilleurs les uns que les autres, pour vous prouver l'illégalité de la situation du capital, vis-à-vis du travail, et que vous son détenteur n'en trouverez pas un seul plausible pour la justifier ; vous êtes devant le travail comme le criminel devant un tribunal ; le criminel pour obtenir des circonstances atténuantes, peut encore invoquer les vices de la société, qui ont pu avoir certaines influences sur le mobile de son crime, mais de là à prétendre légitimer le crime, il y a un abîme que vous ne comblerez pas pour réhabiliter le détenteur du capital.—Maintenant, mes amis, laissez-moi vous demander si jai été bien explicite, si vous m'avez bien compris, car je ne suis pas venu ici avec la seule intention de prouver à M. Portefoin l'illégalité de sa situation, au milieu de la société, et l'injustice de sa politique

Républicaine opportuniste, je suis venu pour vous faire bien saisir le jeu d'un organisme social constitué par et pour le travailleur ; y suis-je parvenu, voilà ma question ?

Guill. — Je crois que oui, maître Gérard, et pour vous le prouver, laissez-moi vous dire ce qui ressort pour nous de votre conversation. Ainsi nous, les paysans, chacun parle de son état n'est-ce pas ? nous nous formons en chambre syndicale, et quand nous somme groupés, nous fournissons notre contingent à une assemblée fédérative.

Gérard. — C'est cela.

Guill. — Ensuite, la chambre syndicale locale ou cantonnale suivant les besoins, à un moment donné, fait le compte de la production de la contrée, sur laquelle elle vit n'est-ce pas ; quand elle a ce chiffre, elle cherche celui des frais, d'outils, d'engrais, de semences, etc., etc., enfin de toutes les dépenses nécessaires à la production ; elle dit en un mot, on vend pour une somme de tant dans ce coin de terre ci, ça a couté pour tous faux frais une somme de tant, la différence sera nécessairement ce qui restera pour la main d'œuvre de toute espèce, n'est-ce pas ?

Gérard. — Très-bien compris.

Guill. — Chaque corporation faisant la même enquête, se donnant pareille tâche dans sa contrée, le conseil fédératif à qui tous ces travaux seront expédiés, pourra alors déterminer le cadre de la situation générale des travailleurs en parfaite connaissance de cause, et arriver au but ; donner à chaque travailleur la propriété du produit intégral de son travail ; et pour forcer les détenteurs actuels de la propriété à accepter les conditions étudiées par le conseil fédéral, vous pratiquerez la loi d'interdit dont vous parliez tout à l'heure, personne ne pourra se plaindre car on répondrait aux plaintes par des chiffres positifs contre lesquels il n'y aurait pas à régimber. Ainsi au moment de l'interdiction vous voulez acheter du pain (parce que les ouvriers en feront toujours, ça ce comprend) et bien on vous demandera votre carte syndicale, celui qui n'en aura pas sera obligé de faire son pain ; il en sera ainsi pour tout, ce que je dis là c'est une manière de parler, vous comprenez bien, maître Gérard.

GÉRARD. — Vous voulez dire qu'en travaillant le capitaliste pourra vivre comme vous.

GUILL. — C'est ça, mais je vous suppose des mesures plus générales n'est-ce pas? ce qui ne m'empêchera pas d'être payé en argent moi et de m'en servir pour acheter mes bœufs, mon fourage, ma graine, etc., comme d'en recevoir, quand je vendrai mon blé ou mes autres denrées. Seulement les rapports sociaux réglés à l'avance par le conseil corporatif fédéral auront enserré les échanges dans un cadre tel, qu'ils cesseront d'être un trafic, et qu'ils auront lieu sous l'œil de la chambre syndicale qui se servira de ses observations pour déterminer chaque année la valeur de la main d'œuvre, je n'aurai pas d'intérêt à augmenter mon blé ou quoi que ce soit, puisque la différence entre le prix de revient et sa valeur échangée est le propre de la main d'œuvre. Encore une fois toutes les corporations agissant de même, il n'y aurait donc plus que les différents qui pourraient survenir entre les divers intérêts des chambres syndicales, et bien, je comprends que les différents trouveraient leur solution devant l'assemblée fédérative, est-ce cela ?

GÉRARD. — Parfaitement compris.

GUILL. — Et bien à présent je ne serai plus embarrassé pour expliquer le socialisme à d'autres paysans comme moi qui pourront à leur tour enfoncer tous les Portefoin de leur pays.

Paris. — Imprimerie A. Reiff, 9, place du Collége de France.

* 9 7 8 2 0 1 1 7 5 3 0 4 5 *